# NOTICE HISTORIQUE
## SUR LES
# PAROISSES DE COLONZELLE
### ET DE
# MARGERIE

PAR

*l'abbé L. FILLET*

Aumônier de la Trinité à Valence

MONTBÉLIARD
IMPRIMERIE P. HOFFMANN

1894

# NOTICE HISTORIQUE

### SUR LES

## PAROISSES DE COLONZELLE

## ET DE MARGERIE

I. Origines religieuses.

OLONZELLE est une localité de la Drôme. Elle forme une seule commune comprenant, outre la paroisse du même nom, celle de Margerie, érigée depuis quelques années seulement.

Pour nous diriger dans l'étude des origines religieuses de cette localité, il faut d'abord recourir à l'étymologie de son nom et en inspecter attentivement les anciens monuments.

Il y a tantôt seize ans, en parcourant les protocoles d'un notaire du XVᵉ siècle, nous remarquâmes sur la couverture en parchemin d'un registre contenant des actes relatifs à Colonzelle, cette traduction latine du nom de ce lieu, tracée isolément par le notaire lui-même : *colonia ʒeli* [1].

Sauf la désinence diminutive du premier de ces mots, que l'honorable tabellion a remplacée mal à propos par le second, *ʒeli*, cette traduction nous offrait l'étymologie du nom de Colonzelle telle, en substance du moins, que des savants nous l'ont donnée depuis.

---

1. Minutes de Mᵉ Long, notᵉ à Grignan.

En effet, comme le font remarquer MM. DE COSTON [1] et LA-CROIX [2], quand un prince, un riche, un évêché, un monastère avait des terres incultes ou dépourvues de tenancier à un titre quelconque, il y envoyait quelques personnes pauvres, qui s'y établissaient avec leur famille [3]. Le nombre de ces personnes, auxquelles les monastères joignaient ordinairement quelques-uns de leurs religieux, était évidemment proportionné à l'étendue et à l'importance du sol à cultiver. Chacune avait en moyenne une douzaine d'arpents de terre, et sa condition était intermédiaire entre celle des serfs et celle des hommes libres. Le but étant de cultiver *(colere)* le domaine confié, celui-ci prenait le nom de *colone (colonia), coulone, colonge (colongia* en bas latin), *colunge, coulonge,* et même *colange* ou *coulange,* tandis que celui qui le cultivait était qualifié ou surnommé *colon (colonus* ou *coloniatus).* La maison, désignée par *colonia* comme l'ensemble du domaine, l'était d'une manière plus précise par *colonantia* ou *colonellum.* Tous ceux qui dépendaient du colon devenaient par là-même *colonii, colonici, colongici* ou *colungini.* Les surnoms étant plus tard devenus patronymiques, il est tout naturel de trouver les noms propres de *Colon, Coulon* et *Colongin.*

Quant aux formes *colunsellum* et *colunsella* ou *colunselle,* elles sont tout simplement des diminutifs représentant des domaines de moindre importance.

A l'époque carlovingienne, il y avait donc à Colonzelle, autrefois *Colonselle* et *Colonselles (de Colunsellis* en 1276), lieu dans le voisinage duquel on trouve encore des habitants du nom de Coulon et de celui de Colongin, quelques familles agricoles placées sous la dépendance d'un propriétaire du sol plus ou moins éloigné.

Etudions et interrogeons à leur tour les monuments.

Sur le territoire de Colonzelle, à un kilomètre du village, à

---

1. *Etymol. des noms de lieu de la Drôme*, p. 104-5.
2. *L'Arrond. de Montélimar,* t. II, p. 369-70.
3. A la fin du VIII<sup>e</sup> siècle, dit M. l'abbé ROUCHIER, les évêques de Viviers possédaient sept cent quatre-vingt-dix *colonies (Hist. civ., polit. et relig. du Vivarais,* t. I, p. 307).

gauche et près de la route allant à Margerie, existe, attenante
à un vieux petit cimetière, une chapelle dédiée à Saint-Pierre-
aux-Liens et d'une antiquité fort reculée.

Dans la partie sud-ouest de ce cimetière ont été trouvés
plusieurs cercueils à auge en pierre mollasse. Un d'entre eux,
formé d'un seul bloc de calcaire tendre, a été transporté depuis
plusieurs années au village de Margerie, dans le jardin de M.
Etienne Coustaury, où il sert d'appui à une treille. Ce cercueil,
que nous avons vu et mesuré, a dans œuvre 1 m. 75 de long,
sur 0 m. 35 de haut, 0 m. 52 de large vers la tête et 0, 33
vers les pieds. Il a hors œuvre 2 m. 03 de long, sur 0 m. 45 de
haut, 0 m. 69 de large vers la tête et 0 m. 50 vers les pieds.
Sur la paroi gauche, en dehors et dans le sens de la longueur,
a été gravée en lettres romaines capitales l'inscription suivante :

### HIC VETRANVY PAVYAT

Cette épitaphe, où le deuxième A est en monogramme avec
le V suivant, et où des Y remplacent les S (comme on le voit
parfois du V$^e$ au VII$^e$ siècle), est celle d'un chrétien qui, au
au jugement de M. ALLMER, d'après l'aspect de l'inscription,
est mort au VI$^e$ ou au VII$^e$ siècle. Elle doit se lire : *Hîc Vetra-
nus pausat* (ici repose Vétranus). *Pausat* pour *jacet* dans les
inscriptions chrétiennes a été remarqué par M. LEBLANT [1].

Quant à la chapelle, que l'humidité dévore malheureusement,
et qui est parfaitement orientée, elle se compose d'un vaisseau
unique en parallélogramme allongé et composé de trois tra-
vées. Une de celles-ci forme le chœur ou sanctuaire; les deux
autres, plus larges de quelques centimètres, et plus hautes,
forment la nef. Elle a dans œuvre 11 m. 50 de long, y compris
le chœur, qui a 2 m. 50 ; 8 m. 50 de haut dans la nef; et 4 m.
de large, y compris l'épaisseur des pilastres soutenant les arcs
de la voûte à plein cintre. Ces pilastres ont chacun 0 m. 25 de
saillie, et sont, ainsi que les arceaux, absolument sans ornements ni moulures. Les chapiteaux, de 0 m. 10 de relief, n'ont
ni moulure ni socle. L'épaisseur des murs est de 0 m. 83.

---

1. *Journal de Die* du 30 mai 1869 ; — LACROIX, op. cit., t. II, pp. 372-3
et 406-7 ; — *Bull. de la Soc. d'archéol. de la Drôme*, t. VI, p. 377.

Trois contreforts existent au nord et trois au midi. Deux fenêtres à plein cintre, évasées en dedans et en dehors, donnent, au midi, du jour à l'édifice.

A l'entrée de la chapelle, un porche voûté en berceau, soutenu jadis par deux colonnes, n'est plus rappelé que par le mur septentrional resté debout.

Ce qui est le plus à remarquer dans l'édifice, ce sont les pierres dont il est composé, sa porte d'entrée et une porte au midi, près du chœur, bouchée de temps immémorial.

Ces pierres, régulierement taillées en carrés, sauf les claveaux nécessairement taillés en voussoirs, sont du moyen appareil et régulièrement disposées. Presque toutes, à la voûte comme aux murs, à l'intérieur comme à l'extérieur et aux contre-forts, aux pleins des murs comme aux angles, arcs et pieds-droits, présentent une, quelquefois plusieurs lettres onciales carrées, ou encore, mais rarement, une série de lignes disposées en zigzags.

Ces divers signes, dit M. ALLMER, qui a visité le monument, « ne sont autre chose que des marques d'appareillage. Il serait « puéril de chercher quelque signification aux assemblages « fortuits de lettres qui peuvent s'y rencontrer. »

La porte d'entrée, au couchant, présente à sa partie supérieure un arc à plein cintre sans ornement, et au-dessous un tympan soutenu par un linteau en pierre d'un seul bloc. Ce linteau, fort simple, n'est là que depuis 1835, date qu'on y a inscrite. Il y a remplacé un linteau également en pierre, d'abord d'un seul bloc, mais rompue depuis vers le milieu, et portant dans un petit cartouche carré, sur une de ses faces, l'inscription suivante, en lettres du Xe siècle :

ECCE

AGNDI

*(Ecce agnus Dei).*

Cette pierre a des moulures et quelques ornements. Des rinceaux barbares sont sculptés à droite du cartouche. Elle a

dû être primitivement « un gradin d'autel, et l'inscription se
« trouvait alors au-dessous du tabernacle, » dit M. Allmer.
Ses deux tronçons se voient près de la porte, rangés en guise
de banc.

La porte du midi n'a guère qu'un mètre de largeur, y compris les pieds-droits. Elle est depuis longtemps bouchée et en partie enterrée. Son arc à plein cintre est sans moulures ; mais les claveaux du centre « portent tous des lettres, c'est-à-dire
« des signes d'appareillage, à l'exception des deux premiers,
« à droite et à gauche, sur lesquels sont sculptés un oiseau et
« un quadrupède difficiles à déterminer ; l'on peut aussi
« bien y voir une colombe et un loup qu'un renard et un cor-
« beau. »

Le linteau sur lequel s'appuie le plein-cintre en question est formé d'un débris de bas-relief romain, peut-être emprunté à la face d'un sarcophage. Sur cette pierre, qui a été retaillée et placée le haut en bas, se voit encore la partie supérieure d'un personnage qui était debout à côté de deux rangs de tonneaux de bois superposés et pareils à ceux qui se font de nos jours, renflés au milieu, et liés par une huitaine de cercles à chaque bout. Mais on n'y aperçoit pas les joints des douves, et il ne reste des tonneaux que les deux composant le rang d'en haut, et une petite partie des deux qui composaient le rang d'en bas.

« Bien que les anciens se soient habituellement servis de
« tonneaux de terre cuite, dit M. Allmer, l'usage des tonneaux
« de bois ne leur était pas inconnu. *Cupa* était le nom par le-
« quel on les désignait. On en fabriquait, au témoignage de
« Pline (14, 21), dans les Alpes ; ils étaient faits du bois de l'es-
« pèce de faux sapin qu'on nomme *pesse*, et servaient surtout
« à transporter le vin. Le même auteur raconte que du vin
« ayant été transporté dans des tonneaux de bois d'if, fabriqués
« en Gaule, ceux qui en burent furent empoisonnés (14, 10).
« On se servit quelquefois de tonneaux de bois pour soutenir
« des radeaux sur la mer (Lucain, *Phars.*, 4, 420). Au siège
« d'Aquilée, à ce que rapporte Hérodien (8), Maximin fit avec
« des tonneaux de bois, qui se trouvaient en grande quantité
« dans le pays, un pont sur lequel son armée traversa une ri-

« vière rapide et profonde. Des tonneaux de bois sont repré-
« sentés sur plusieurs monuments antiques : dans les bas-re-
« liefs des colonnes Trajane et Antonine ; sur une pierre gra-
« vée de l'ancienne collection du baron Stosch ; sur une ins-
« cription de Rome (Gruter, 815, 5) ; sur une épitaphe chré-
« tienne du cimetière de Sainte-Priscille (Reinesius, p. 619) ;
« sur une peinture du même cimetière, reproduite par Aringhi
« (idem). La rareté de la représentation des *cupae* sur les mo-
« numents parvenus jusqu'à nous rend extrêmement curieux
« et digne d'être conservé,tout incomplet qu'il est,le bas-relief
« de la chapelle de Saint-Pierre de Colonzelles », laquelle, aux
yeux du savant antiquaire cité, « paraît fort ancienne, du X$^e$
« siècle peut-être ».

Il est ici fort digne de remarque que c'est surtout au X$^e$ siècle
que les liens de Saint-Pierre,qui sont le titre de cette chapelle,
devinrent célèbres et furent honorés dans le monde chrétien.
Ce qui y contribua le plus fut la guérison extraordinaire d'un
comte de l'empereur Othon, opérée par l'attouchement de ces
liens sacrés, sous le pape Jean XIII, en 969.

M. Lacroix, après avoir vu dans la colonie agricole de Colonzelle une petite population sous la dépendance de quelque
monastère, et dont l'église Saint-Pierre fut le centre religieux,
tire du mot doyenné, affecté au bénéfice ecclésiastique du lieu,
dès le XIII$^e$ siècle au moins, une « preuve de l'origine toute
monastique » de cette colonie.

« En effet, dit-il, Ducange, qui s'appuie en cela sur la règle
« de Saint-Benoît, appelle *doyen* le chef de dix moines, et, d'a-
« près la coutume de Cluny, le surveillant des fermes de l'ab-
« baye, sous la dépendance du prieur majeur.

« Le même auteur cite aussi des textes anciens où les fermes
« des couvents sont dénommées elles-mêmes *doyennés*, et les
« colons de ces fermes, *doyens*.

« Comment expliquer d'une façon plus naturelle et plus dé-
« cisive le titre de doyen porté au moyen-âge par le prieur de
« Colonzelle ? L'ordre de Cluny et les Bénédictins en général
« auraient-ils conservé ce titre exclusivement pour Colonzelle,
« s'il n'y avait pas eu l'ancien usage à respecter, alors que tous

« leurs autres bénéfices de la Drôme portaient le nom de pri-
« eurés ¹ ».

Nous sommes entièrement de l'avis du savant archiviste de la Drôme. Nous plaçons sans hésiter à Colonzelle pendant le Xᵉ siècle des religieux ayant quelques familles de colons ou fermiers, dont la *tenure* ou ferme y devint héréditaire et qui ont formé la souche des habitants du lieu. Et le chef de ces moines, lesquels étaient originairement au nombre de dix, s'appelait *doyen*.

## II. Doyenné.

La décentralisation, qui au Xᵉ siècle s'opéra dans le pouvoir civil et amena le régime féodal, eut quelque chose d'analogue dans l'état monastique. Les religieux établis à la tête des colonies d'un ordre à titre de prévôts ou de doyens, et plus tard de prieurs, commencèrent à gérer en leur nom et comme bénéficiers titulaires les biens qu'ils n'avaient gérés jusque-là que comme simples délégués. Ainsi fit le doyen de Colonzelle, et ainsi fut établi le doyenné proprement dit.

Mais ces modifications importantes dans l'ordre civil et monastique eurent pour conséquence une rivalité inévitable de voisins à voisins, qui mit chaque localité dans la nécessité de se fortifier et de se défendre.

Les doyens et les habitants de Colonzelle durent donc abandonner la plaine, où la défense était impossible, pour s'établir sur les bords du Lez, au sommet d'une rive escarpée, où la fortification et quelque sûreté étaient possibles. C'est l'origine du village actuel de Colonzelle.

En leur qualité de maîtres ou seigneurs du lieu, les doyens s'y bâtirent un château avec chapelle, tours et remparts, dans lesquels nous les trouvons fortement cantonnés au XIIIᵉ siècle, au milieu ou plutôt à la tête de leurs vassaux.

Mais, à quel ordre appartenaient les doyens et le doyenné, et que sait-on de leur histoire ?

---

1. *Journal de Die*, n° cité ; — Lacroix, op. cit., t. II, pp. 370-3 et 405-7 ; — *Bullet*. cit., t. VI, p. 377-8.

M. Nadal [1] n'hésite pas à faire le doyenné « dépendant
« d'abord des religieux bénédictins, et plus tard de l'ordre de
Cluny ». D'après cet historien, les Bénédictins auraient donc
possédé Colonzelle avant la réforme de saint Benoît d'Aniane,
ou au moins avant celle de saint Odon de Cluny vers 930.
Nous avouons n'avoir trouvé aucun document qui garantisse
absolument ce point. Mais il est bien certain que les Clunistes
eurent le doyenné pendant fort longtemps. Quant à l'époque
où ils en furent investis, et aux actes concernant leurs posses-
sions à Colonzelle, voici ce que nous en avons recueilli.

Giraud, évêque d'Uzès, avait donné à Cluny, en 945, l'église
de Saint-Saturnin, près de laquelle le prieuré existait en 959.

Le 15 septembre (*17 cal. octob.)* 958, sous Oldaric, évêque de
Trois-Châteaux, et à la prière du comte Boson, Conrad-le-
Pacifique, roi de Bourgogne Transjurane et de Provence, donnait à perpétuité à l'abbaye de Cluny l'abbaye de Saint-Amand,
avec toutes ses dépendances de fait ou de droit. Le roi Lothaire
en faisait autant en 959. Il s'agit ici de St-Amand sur Montségur, monastère, plus tard prieuré, dont dépendirent les églises
Saint-Jean de Montségur, Saint-Michel de Clansayes et Sainte-
Agathe de Grillon.

Ce même roi Conrad, dont le règne s'étend d'août 937 à octobre 993, donna Colonzelle à Cluny ; car dom Bouquet rapporte
une charte de l'an 998, par laquelle Rodolphe III, roi de Bourgogne, à la prière d'Agildrude, son épouse, de Burchard, arche-
vêque de Lyon, et d'Otelon, abbé de Cluny, renouvelle et confirme
en faveur de l'abbaye de ce nom, les donations faites par son
père, et comprenant en Provence les petits monastères *(cellas)*
de Saint-Amand, de Saint-Pantaléon et de Rozans, Tulette, le
château de Condorcet et celui de Colonzelle *(Colonzellas)*.

En 1095, le pape Urbain confirme à Cluny diverses églises,
parmi lesquelles on ne trouve rien des diocèses d'Uzès,
de Trois-Châteaux ni de Vaison. Mais cette absence ne signifie
guère, la bulle ne spécifiant pas tout.

En 1119, le roi Louis-le-Gros confirme à Cluny le prieuré

---

1. *Essai historique sur les Adhémar*, p. 209.

du Port-de-St-Saturnin, et en 1125 une bulle du pape Honorius II attribue à la même abbaye les prieurés de Rompon, de Saint-Saturnin *Formacensis*, du Pont-de-Sorgues, etc.

En 1204, Innocent III confirme à Cluny Saint-Saturnin, Tornac, etc., en Provence.

Somme toute, Cluny avait de bonne heure dans notre région un grand nombre d'églises et de prieurés, notamment le prieuré majeur de Saint-Saturnin-du-Port, dont ressortissaient au XIII$^e$ siècle le prieuré de Saint-Pantaléon uni à celui de Rousset, le doyenné de Colonzelle, les prieurés de Montbrison et de Visan, et la maison de Tulette, qui était de la mense du prieur de Saint-Saturnin. Colonzelle n'avait alors que deux religieux, le doyen compris, et était du diocèse de Trois-Châteaux [1].

Le premier doyen connu est Sylvis, qui le 20 février 1249, fut donné, avec de Turlette, prieur de Saint-Pantaléon, et Palispar, pour caution de l'évêque de Saint-Paul-Trois-Châteaux et du prieur de Visan, à deux arbitres chargés de régler le différend que l'évêque et le prieur avaient avec Visan au sujet de la dîme de ce lieu [2].

Le 13 septembre 1265, les religieux de Saint-Saturnin ou de Saint-Pierre-du-Port, posaient la première pierre du magnifique pont qui fut construit de leurs deniers et achevé seulement en 1309. Ce fut l'objet d'une splendide cérémonie présidée par le prieur de Saint-Pierre, dom Jean de Thyanyes. Parmi les témoins était Rican Corni, doyen de Colonzelle *(Ricanus Corni, decanus de Colunsellis)* [3].

Après une « transaction entre l'évêque de Saint-Paul et le « doyen de Colonseles, » passée en 1271, et dont le texte se trouvait en 1760 dans les archives du château de Grignan [4], vient

---

1. Bruel, *Chartes de Cluny*, t. II, pp. 146-7 et 160-2 ; — *Recueil des historiens des Gaules*, t. XI, p. 545 ; — Marrier, *Bibliotheca Cluniacensis*, cc. 516-8, 575-7, 1377-9, 1492-6, etc. ; — Lacroix, op. cit., t. II, pp. 289 et 381-2.
2. *Statuts de la commun. de Visan* (1685), p. 129-32 ; — Aubenas, *Not. sur Valréas*, p. 25.
3. Notes communiquées par M. Bruguier-Roure.
4. *Invent. du chât. de Grignan* en 1760 (cote 2), aux archives de M. Léop. Faure.

un différend avec Guillaume le Gros, seigneur de Grignan (*Guillelmus Gros, Greynihani dominus*).

Pour terminer ce différend, Guillaume et le doyen Pierre de Cornillon *(de Cornilhone)*, se réunissent à Valréas, le 6 octobre 1276, chez messire Ponce Eynard, jurisconsulte, et là, en présence de ce dernier et de plusieurs autres témoins, prennent pour arbitres communs discrets hommes messire Reymond Hugol, doyen de Saint-Saturnin, messire Dalmas de Taulignan, prieur des Eglises (*de Ecclesiis*), et Guillaume Armand de Montségur, damoiseau, et pour caution, savoir, Guillaume : messire Pierre de Durban *(de Durban)*, chevalier, Rican de Caromb, Giraud Grallon et Bertrand de Grignan ; et le doyen : Pierre Liberon, Michel Pallon, Guillaume Bedoc, Guillaume Goyrand, Guillaume Chabrier, Bertrand Reboul et Guillaume d'Albe *(de Alba)*.

Puis, les parties discutent. Guillaume le Gros expose qu'il est en possession de percevoir à Colonzelle (*in castro de Collunsellis*) 50 sous viennois par an, ainsi que des corvées, avec 1 émine de blé et 1 denier par an sur chaque homme dudit bourg tenant bœufs ou mulets de labour, et aussi une journée de tout possesseur d'âne ou de mulet pour le transport de son bois au château de Grignan ; qu'à titre de seigneur il a comme ses prédécesseurs le droit de chevauchée audit bourg, mais que le doyen l'empêche de percevoir ces droits et défend aux hommes du lieu d'en sortir pour lesdites chevauchées. Il requiert donc défense au doyen de le gêner à l'avenir. Mais Pierre de Cornillon, après avoir d'abord protesté contre les dires de Guillaume, expose, en son nom et en celui de son église et des hommes de Colonzelle, que Guillaume est entré violemment avec des hommes armés sur le territoire de ce lieu et y a enlevé bœufs, vaches, brebis, troupeaux et une foule d'animaux, qu'il a emmenés avec lui, enlèvement qui a causé à l'église et aux hommes de Colonzelle un dommage de 5,000 sous viennois ; que ces hommes ont, par donation, le droit de faire paître leurs animaux au territoire de Grignan, qu'eux et leurs prédécesseurs en ont usé depuis 10, 20, 30 ans et au-delà de temps immémorial, mais que Guillaume les empêche d'en user. Il demande donc que celui-ci soit condamné à réparer le susdit dommage de 5,000 sous, et à ne pas gêner pour ledit pacage. Mais Guillaume nie les dires du doyen.

Sur ce, les arbitres donnèrent leur décision. Nous ne la connaissons pas, le notaire de 1380, qui nous a conservé ce qui précède, ayant arrêté là sa citation, à cause de la prolixité de la pièce, nous dit-il [1]. Mais les Adhémar agirent désormais comme hauts seigneurs de Colonzelle ; ainsi Giraud Adhémar, en émancipant son fils, le 13 juin 1297, lui donnait les fiefs des châteaux ou bourgs *(feuda castrorum)* de Salles, de Colonzelle, etc. [2].

Quant à la paix, apparemment favorisée quelques années par l'arrivée au doyenné d'Adhémar de Grignan, religieux cluniste, qui tint ce bénéfice de 1283 à 1308, et qui apparaît constamment en relations amicales avec le seigneur de Grignan [3], elle fut néanmoins rompue, même sous ce doyen, qui toutefois ne joue aucun rôle dans les nouvelles bagarres. Voici les faits.

Giraud Adhémar ayant envoyé Etienne d'Auberive, agent de sa cour de justice, percevoir des droits inhérents à la haute seigneurie, celui-ci y fut accueilli brutalement par un certain nombre d'hommes, et mourut même des blessures qu'on lui avait faites. Les coupables, appelés à rendre compte de leur conduite, promirent positivement, sous peine de cent livres couronnées, d'obéir à la sentence de la cour ; et acte de ce fut pris, le 20 juillet 1306, par Guillaume Mercier, notaire. Mais les coupables, convoqués pour s'entendre condamner, refusèrent obstinément de comparaître. Pour vaincre leur résistance, Giraud se rendit lui-même à Colonzelle ; il voulait requérir le doyen de procéder contre ces hommes, et, comme cela le regardait *(ut ad ipsum spectabat)*, de les punir ou de les lui laisser punir ; mais le bayle de Colonzelle, avec les hommes du lieu, voyant venir Giraud avec ses gens, leur fermèrent « les

---

1. Parchemin de 11 peaux (de 1380) coté *aaa*, communiq. par M. Guinand, curé de Colonzelle ; — *Journal de Die,* n° cité.
2. Biblioth. nat., mss. lat. 9239, n° 10.
3. Archives de la mairie de Grignan, passim ; — Fonds de M. Morin-Pons, passim.

portes ou portails », leur résistèrent fortement et jetèrent des pierres, si bien qu'aux arrivants force fut de rebrousser chemin. Cités pour tous leurs méfaits, une première fois sous peine de 50 livres tournois, une seconde sous peine de 100, une troisième sous peine de 200, et une quatrième sous peine de 100 marcs d'argent, les hommes ne parurent jamais devant la cour, et furent condamnés par contumace et défaut, le 18 mai 1313.

Cependant la cour, pour « convaincre » leur malice, les fit encore citer sous de grandes peines, par le crieur public de Grignan, à comparaître à certains jours et heures, pour ouïr la sentence. Mais, tout étant inutile, le juge, Bertrand Borel, les déclara tenus chacun aux 100 livres couronnées auxquelles ils s'étaient volontairement soumis en cas de défaut, aux peines diverses déjà plusieurs fois prononcées par la cour, et de plus chacun à 100 livres « refforsates » payables à Giraud et applicables à son fisc et à sa cour, d'ici à dix jours.

Les condamnés ne se pressèrent pas d'exécuter cette sentence qui frappait trente personnes toutes nommées dans l'acte, et dont la dernière était Durant Martin, religieux [1]. Mais, du moins, les Adhémar conservèrent la haute seigneurie de Colonzelle ; car le 24 juillet 1353, Guillaume Raoul (*Rodulphi*), religieux cluniste, doyen et seigneur du lieu et de l'église de Colonzelle, faisait reconnaissance et hommage pour la seigneurie à Giraud Adhémar, seigneur de Grignan. Raoul était encore doyen le 10 avril 1354 [2].

Bertrand de Saint-Agnan, religieux, doyen de Colonzelle, de l'ordre de Cluny, était le 22 juin 1365 témoin de la reconnaissance de Jacques Maréchal pour le prieuré de Tourretes, à Giraud Adhémar, dans le château de Grignan [3].

Guillaume Trenelhan, religieux cluniste, doyen et seigneur de Colonzelle, fit, le 12 avril 1377, hommage pour ces doyenné et seigneurie, à Giraud Adhémar, seigneur de Monteil et de Grignan. Ce doyen, que nous trouvons souvent depuis lors à

1. Parchemin cité ; — *Journ. de Die*, n° du 1er août 1869.
2. Minutes de Me Long, notᵉ à Grignan, reg. coté *semper*, f. 112, et parch. couvrant un reg. de 1489-91.
3. Min. cit., reg. *semper*, f. 83.

Colonzelle, en son château *(fortalicio)* [1], garda une attitude réservée, mais nullement négligente ni désintéressée, dans l'affaire suivante.

En 1380, Giraud, seigneur de Grignan, faisait des réclamations à noble Isnard Melier, autrement dit de Comes *(alias de Comis)*, Ponce Chabrier, Michel Raymond, Pierre Achard, Raymond Faure, Jean Faure, Barthélemy d'Albon *(de Albono)* et Jean Vincent, tant habitants que nés à Colonzelle, tant en leur nom qu'en celui de la commune *(universitatis)* de ce lieu.

Giraud disait que ces hommes et les particuliers de Colonzelle lui devaient une certaine somme d'argent et un très-grand nombre de corvées, à raison des arrérages de lad. somme et des corvées, et aussi 100 livres « refforsates », suivant les actes publics de 1276 et de 1313. Ses adversaires niaient.

Enfin, le 20 mars 1380, réunis au château de Grignan, en présence de vénérable et religieux homme messire Guillaume Trenelhan, religieux de l'ordre de Cluny, seigneur de Colonzelle, lequel ne disait rien contre, ils remirent le tout à la décision de nobles et vénérables hommes Pierre Beguin, bachelier ès droits, Jean de Litone, Bernard Dauphin, Isnard Melier et Ponce Chabrier.

Le 28, ceux-ci décidèrent : 1º que Giraud tiendrait lesd. hommes de Colonzelle quittes de toutes les demandes ci-dessus, même de tous ses griefs possibles, tant à raison de la mort d'un de ses agents que des amendes et peines au criminel ou au civil et infligées par les cours de Grignan et de Colonzelle ; 2º qu'en retour les gens de Colonzelle payeraient désormais et à perpétuité au seigneur et à ses successeurs, chaque année, la veille de Noël, 50 sous bons Viennois pour haute seigneurie, et le reconnaîtraient pour « haut seigneur» et même pour « sei-« gneur juridictionnel » dudit Colonzelle, toutefois sans préjudice aucun pour le doyen, « seigneur utile » dudit lieu, ou pour ses successeurs ; 3º que, encore en retour, les habitants de Colonzelle payeraient, une fois pour toutes, au seigneur de Grignan la somme de 300 florins d'or, distribuée par 50 florins

---

1. Ibid., reg. cit., ff. 33 et 101 ; reg. coté *nostrum*, f. 7.

payables chaque année, à la Toussaint, jusqu'à épuisement de la dette ; 4º que le seigneur de Grignan ne pourrait obliger directement ni indirectement les gens de Colonzelle à fortifier ce lieu, ni à contribuer à sa fortification, si ce n'est dans six ans à partir de la présente ordonnance ; 5º que, passé ce terme, ce seigneur et ses successeurs ne pourraient pour aucune cause les y obliger, à moins qu'il ne s'agît de lever dans le lieu le vingtain en blés, vins et grains quelconques, ce qui même ne pourrait être fait sans en requérir et sommer la cour et les officiers du doyen du lieu [1] ; 6º que le seigneur ou ses successeurs, ni leurs officiers, ne pourraient, sous prétexte ou à l'occasion de ladite fortification, faire, à l'instance de quelque personne privée, des poursuites pour affaires ou pactes touchant à cette fortification, sauf en ce qui concernerait les cas susdits.

La décision fut prononcée au château de Grignan, en présence du doyen Trenelhan, qui n'y contredit en rien, de Giraud Adhémar et de Jean Vincent, procureur de Colonzelle, qui la ratifièrent, et devant des témoins.

Le 29, les gens de Colonzelle sanctionnèrent le tout, chez eux, à l'entrée du château-fort *(in introytu fortalicii)* ; et le 25 avril de la même année, Giraud Adhémar, seigneur de Monteil, fils émancipé du seigneur de Grignan, les approuva de son côté, dans le château de Grignan, en présence du même doyen et de témoins [2].

Pierre de Thurey, évêque de Maillezais, cardinal, avait obtenu le doyenné de Colonzelle antérieurement au 19 décembre 1409, jour où noble Hector de Chaylan [3], recteur pour lui à

---

1. Le 6 janvier 1495, les syndics de Colonzelle vendent à Verchier le vingtain du lieu, levé sur le blé, le seigle, l'avoine, l'orge, le millet, les légumes et le vin. Le prix pour deux levées à faire, y joint le blé déjà dans le grenier communal et que l'acheteur tient pour l'année précédente, est de 140 florins (Minutes Long, reg. *obedire*, fol. cxxii).

2. Parchemin cité.

3. *De Cayllano*. M. Lacroix (*L'arrond. de Montél.*, t. II, p. 385) suppose qu'il aurait fallu lire *de Caylario*. C'est fort possible : on trouve, en effet, un noble Hector du Chaylar, seigneur de la Baume-de-Transit de 1407 à 1417, et lieutenant de roi (ibid., t. I, p. 216-8). Cependant il y avait en 1393 un *Hector de Cayllano*, bailli de Graisivaudan (Chevalier, *Collect.*

Colonzelle, faisait un règlement provisoire avec Giraud Adhémar, seigneur de Grignan et de Grillon.

En effet, ce recteur se plaignait, au nom du cardinal, de ce que les officiers et gens de Grillon empêchaient, par des amendes et des peines, de faire paître les troupeaux sur un terrain situé entre les deux localités et dont la possession était controversée, d'y aller et passer pour leurs travaux et affaires, et d'y lever la dîme pour l'église de Colonzelle, choses qui toutes se faisaient sans difficulté quand le pape était seigneur de Grillon.

Giraud répondait qu'une inspection de limites avait prouvé que ce terrain appartenait à Grillon ; que c'était seulement par amour pour ledit noble Hector, ainsi que pour Pierre *de Viraco* et le bâtard d'Uzés, qui se tenaient et gouvernaient pour lui à Colonzelle, qu'il leur avait laissé prendre la dîme des fruits de ce terrain.

Enfin, on convint de s'en remettre à des amis élus en commun, qui régleraient la chose entre Noël suivant et Noël de l'année suivante ; et qu'en attendant les gens de Colonzelle pourraient mener paître, et faire tout le reste comme auparavant [1].

Le cardinal de Thurey mourut vers 1418.

Après un hommage du seigneur de Grignan au comte de Provence le 4 septembre 1419, pour la haute seigneurie de Colonzelle, on trouve de nouveau en 1442 le doyenné et la seigneurie utile du lieu entre les mains d'un religieux cluniste. Celui-ci, qui était Jean Jacquetan *(Jaquetani)*, paraît avoir habité la localité. Le 13 mars 1468, il affermait de Guyot Adhémar les revenus des prieurés de Tourretes et de Chantemerle. Le 7 mars 1473, il confessait tenir du seigneur de Grignan les château, territoire et toute justice de Colonzelle, en fief franc, noble et d'honneur, lui promettant, debout, les mains jointes dans les siennes, avec le baiser réciproque, par serment sur les Evangiles, de le servir *en plaid et en guerre* contre tous. Enfin, le 23 mai 1474, il réglait ses comptes avec la commune de Gri-

---

*de cartul. Dauphin.*, t. VII, p. 223), et au XVIII° siècle des *de Cheylan* dans le diocèse de Senez.

1. Minutes cit., reg. coté *domum*, f. xxxiij.

gnan, qui se reconnaissait redevable envers lui de 38 florins 1/2 et 2 saumées de blé [1].

Mais Guillaume Adhémar, frère du seigneur de Grignan et évêque de Saint-Paul, était nommé en 1483 recteur du Comtat-Venaissin, par Sixte IV. Il obtint par dispense apostolique la commende « du doyenné de Saint-Pierre de Colonzelle, dépendant de l'ordre de Cluny » et situé dans son diocèse.

Le 23 novembre 1484, le nouveau doyen, transigeant avec ses vassaux de Colonzelle, leur permettait de conduire leur bétail au devès de Margerie, mais seulement tant qu'il serait lui-même seigneur de Colonzelle, et en payant 1 gros par 30 bêtes menues et 4 deniers par tête de gros bétail. Il leur défend l'exercice de la chasse, mais le gibier pris par les chiens des bergers sans instigation leur appartiendra. Pour le bûcherage, les habitants le demandaient au couchant d'une ligne partant de la roche *del saut*, allant vers le levant et suivant la terre de Jean Coste, et ensuite vers la terre d'Etienne Reffiectour en suivant la route vieille, allant au bord de la terre des Saramand, ensuite aux plans de Gonet Vachon ; de sorte que la partie restant au levant serait exempte du coupage de bois. Mais le seigneur, ne connaissant pas les lieux, chargea Aubert et Aulanhier de décider ce point.

Le 5 octobre 1497, pour mettre fin à des contestations qui s'étaient élevées, lui et les syndics de Colonzelle convinrent avec le seigneur et les syndics de Grignan de fixer les limites de ces localités en plantant des bornes depuis une limite ancienne près du chemin de Grignan à Colonzelle, au lieu dit *les Rouvières*, tirant droit le long d'une colline (*thorale*) jusqu'à la rive du Lez, et passant cette rivière jusqu'au rocher dit *Rochaboteilha*, où on ferait une croix.

Le 5 septembre 1502, il charge noble Louis *Gasqui* de la gestion des revenus de son évêché, du prieuré de Saint-Amant et du doyenné.

Mais, un chapitre collégial ayant été fondé à Grignan de 1512

---

[1]. Fonds Morin-Pons et minutes cit., passim ; — Arch. de la mairie de Grignan.

à 1515, Guillaume avait à cœur de contribuer à la dotation de ce nouveau corps. Il offrit de résigner le doyenné de Colonzelle, à condition qu'il serait uni à ce chapitre. Par une supplique adressée à Léon X, on demandait, entre autres choses, l'union perpétuelle de la juridiction de Colonzelle au doyen du chapitre et des biens et revenus de ce lieu au chapitre lui-même, sans requête du consentement du prieur du Pont-Saint-Esprit ou de l'abbé de Cluny, avec charge toutefois de faire à Guillaume une pension viagère de 40 ducats d'or par an ; et ce avec réserve au chapitre du droit de présenter à l'ordinaire le vicaire perpétuel de Colonzelle, précédemment nommé par le doyen.

La demande fut accordée à Rome le 7 mai 1516 [1]. Mais un évènement, peut-être la mort de Guillaume, arrivée du 1er au 22 juillet suivant, peut-être une réclamation des Clunistes, arrêta la chose, et la bulle ne fut pas expédiée. Car Antoine Crozet, prêtre séculier de Grignan, qui, le 22 juillet 1516, chargeait un clerc, dans la sacristie du chapitre et en présence du seigneur de Grignan, d'accepter en son nom, du pape ou de son légat ou vice-légat, un bénéfice séculier ou régulier, recueillit en effet, à titre de commende, le doyenné de Colonzelle.

Cependant Antoine Crozet chargeait, le 19 août 1519, un procureur de le résigner entre les mains du pape ; et ce bénéfice, qui en 1523 était en la possession d'Alexandre Adhémar, archidiacre de Saint-Paul, fut accordé au chapitre par Clément VII, dont les lettres patentes, données à Marseille le 18 octobre 1533 et munies d'un sceau en plomb tenu par un cordon de soie rouge et jaune, reçurent le *placet* de la Cour avec sceau royal le 4 novembre.

Tout disposés à entrer en possession de Colonzelle, les chanoines chargèrent, le 22 du même mois, leur doyen et leur sacristain d'aller prendre cette possession, et le lendemain ce mandat fut exécuté.

L'année suivante le chapitre donnait à terrage à Colonzelle,

---

1. Fonds Morin-Pons ; — Minut. cit., reg. coté *Alma*, f. clxxiiij ; *Corda*, f. 1 ; *Dare*, f. liiij ; — Arch. de Colonz., parchem. de 2 peaux.

y nommait des officiers et employés, en affermait les revenus à l'encan. Ces revenus, consistant en dîmes, cens, terrages, tasques, agneaux, etc., furent arrentés par Pierre Roux pour 3 ans et au prix annuel de 66 saumées de blé, moitié froment, moitié seigle. Roux devait en sus payer les 5 saumées et 1 sétier de bon blé et 6 saumées de vin de la pension du curé du lieu ; laisser en réserve au chapitre la dîme du chanvre, les lods, les exercice et émoluments de justice ; ne couper ni faire couper des bois au devès de Colonzelle, et ne chasser ni faire chasser dans la garenne du chapitre. Enfin, pour assurer leurs droits, les chanoines firent renouveler en 1539 les reconnaissances générales et particulières de Colonzelle devant le notaire Chazal ; et la bulle de 1539, en confirmant la donation de Clément VII, spécifia que la juridiction de Colonzelle, séparée des autres droits communs à tout le chapitre, appartiendrait en propre au doyen de ce chapitre [1].

Une transaction du 28 décembre 1558, entre le chapitre et son doyen, Balthazard de Villeneuve, portait que celui-ci aurait à Colonzelle la « maison et chasteau », où toutefois le chapitre pourrait remiser ses grains et se retirer en cas de peste ; qu'il aurait aussi le *frestaige* de bois du plan de Colonzelle, lieu dont il restait haut, moyen et bas justicier, tandis que le chapitre y gardait tout droit de directe.

En août 1566, les habitants de Colonzelle reconnurent à ce doyen le mère et mixte empire ; la juridiction haute, moyenne et basse sur leur territoire ; le pouvoir d'y tenir un juge ou bailli, un lieutenant, un procureur fiscal, un greffier et un sergent, chargés de décider les causes et de punir les délits ; un droit de lods et de prélation ; la possession du château, de l'église et de Saint-Pierre, d'un devès avec garenne au Croc, de 12 saumées de terre à la Condamine, de 5 saumées de terre à Antèze ; et enfin les cens de divers immeubles : 6 deniers pour le four, 3 pour la forge et 12 pour les terres des confins ou la

---

1. *Bull. de la Soc. d'archéol. de la Drôme*, t. XIII, p. 284-96.

Palud. Mais le chapitre payait aux pauvres du lieu la 24ᵉ partie de la dîme.

La dîme était perçue pour le chanvre et pour tous les fruits croissant dans le territoire, à la cote 14ᵉ ; en cas de fraude au sujet de la vendange, le chapitre pouvait mettre aux portes du bourg des contrôleurs approuvés par la communauté, pour vérifier la récolte des raisins.

Les troubles et guerres de cette triste époque et les charges énormes qui en résultèrent pour le chapitre, obligèrent celui-ci à vendre une partie de ses biens. Le doyen en particulier, après l'aliénation de divers fonds de Colonzelle en 1568 et 1571, cédait au comte de Grignan, en échange d'un pré et d'autres fonds nobles, en 1574, la seigneurie du même Colonzelle, qui suivit dès lors toutes les phases du comté de Grignan.

Quant à la dîme, pour laquelle le chapitre payait en 1585 une pension annuelle de trois livres 5 sous au prieuré du Pont-Saint-Esprit, elle était alors régulièrement levée par ce chapitre et le fut à la cote 14ᵉ jusqu'à la Révolution [1].

Une requête des habitants, de 1601, constate l'existence à cette époque de la dîme du chanvre, des agneaux et des chevreaux, en porte le revenu total à plus de 150 écus, et demande la 24ᵉ partie des pauvres et la distraction des semences.

En 1606, la communauté plaidait contre le chapitre pour la dîme du chanvre et la cote des grains. Elle proposait la cote 21ᵉ en gerbes ou la 17ᵉ en grains à l'aire. Puis l'accord se rétablit [2].

Néanmoins, en 1617, le chapitre ayant réclamé par assignation et obtenu par arrêt provisoire la dîme des agneaux, les habitants portèrent la cause devant le parlement d'Aix et prouvèrent par témoins que c'était une innovation.

Dans la visite de 1633 l'évêque ne décida rien au sujet de la dîme des agneaux et des chevreaux, à cause du procès pendant sur ce point, et nous ignorons ce que portait à cet égard la reconnaissance faite en 1638 par Colonzelle au doyen du cha-

---

1. Minutes cit., passim ; — LACROIX, op. cit., t. II, pp. 386-93 et 394-5 ; — *Bull.* cit., X, 317 ; XIV, 6-7 ; — CHEVALIER et LACROIX, *Invent. des arch. de M. Morin-Pons*, doss. généal., n° 220.
2. Arch. de la mairie de Colonz., BB, 2.

pitre. Mais la visite épiscopale du 2 mars 1644 porte expressément que la dîme se lève à Colonzelle « à la cote 14 de tous « grains, payables à l'aire, et du vin à la vendange », et qu'elle s'afferme 60 saumées de blé ou *conségail* et 20 saumées de transailles outre les légumes ; et un document fourni en 1727, sur les ordres de l'intendant, affirme que le chapitre a la dîme à la cote 14e, ce qui lui rapporte 1,000 livres, mais que « les « foins, les haricots et les fruits sont exempts de cette rede- « vance. »

En tout cas, avec cela, comment l'état de 1789 a-t-il pu faire prélever pour la dîme seulement 36 saumées de grains sur seulement 500 produites par tout le territoire [1]. N'y a-t-il pas là une preuve de la réserve avec laquelle il faut accueillir certaines statistiques, même et peut-être surtout lorsqu'elles sont officielles ?

On sait où doyennés, prieurés et revenus ecclésiastiques allèrent en 1791.

### III. Eglises paroissiales de Colonzelle.

Vétranus n'était certainement pas seul de son temps dans les parages de Colonzelle à jouir du bienfait de la foi ; et d'autres chrétiens furent sans doute ensevelis à ses côtés, au VIe ou au VIIe siècle, dans l'antique cimetière attenant à la chapelle de Saint-Pierre.

D'autre part ces sépultures, réunies auprès d'une chapelle dont les caractères permettraient difficilement d'en reculer la construction au-delà du Xe siècle, impliquent l'existence au même lieu d'une chapelle antérieure à celle d'aujourd'hui.

Celle dont on admire encore la construction monumentale et la solidité, et qui a dû à ces caractères de braver les temps et peut-être des coups barbares, est évidemment l'œuvre des moines ; et ceux-ci y administrèrent eux-mêmes les sacrements aux colons de leur dépendance. Elle fut donc église paroissiale pendant un certain temps ; et, lorsque le régime féodal eut

---

[1]. Arch. de M. Léop. Faure, *Invent. du chât. de Grign.* de 1776, p. 16 ; — Lacroix, op. cit., t. II, pp. 377-9 et 395-7.

amené ses maîtres à transporter leur demeure et le service paroissial dans le bourg fortifié, à 1 kilom. plus au nord, elle continua à être le titre décanal. En elle avait lieu la cérémonie de la prise de possession des doyens nouveaux. Ainsi en fut-il du moins pour celle du chapitre de Grignan le 23 novembre 1533, la seule dont nous ayons l'acte. Antoine Vache et Pierre Bonnefoy, délégués par ce chapitre, se rendirent « au lieu de Saint-Pierre de Colonzelle », et, arrivés « devant la porte de cette église », communiquèrent à Jean Larmande, curé de Colonzelle, les lettres patentes de Clément VII accordant au chapitre « le bénéfice du doyenné de Saint-Pierre ». Prié de faire la mise en possession, le curé prit les délégués par leurs mains droites, les introduisit dans ladite église, dont il leur fit baiser l'autel, et par là les en mit en possession réelle, actuelle et corporelle, ainsi que de tous les biens y attachés. A la demande de Vache, le notaire dressa immédiatement acte de la chose, à Saint-Pierre de Colonzelle même. Toutefois, comme ajoute l'acte, délégués et curé se rendirent incontinent au bourg, pour faire dans l'église paroissiale des prières et formalités usitées en pareil cas [1].

Bien plus, Saint-Pierre continua à recevoir dans son cimetière les sépultures que l'étroitesse du petit bourg et le rocher sur lequel il était bâti eussent difficilement permis de faire dans l'intérieur ou autour de l'église de ce bourg ; et, par une conséquence toute naturelle, les funérailles se faisaient également à Saint-Pierre. Aussi, le 22 août 1493, Pierre Lombard, par testament, veut être enterré dans « le cimetière de l'église Saint-Pierre » de Colonzelle, en « la tombe de ses ancêtres », et fait un legs à la lumière *(luminarie)* « de Sainte-Marie » (l'église paroissiale), et un à celle « de Saint-Pierre ». Le 25 mai 1505, Bertrand Costauri, de Colonzelle, « élit sépulture au cimetière de Saint-Pierre, où ses ancêtres reposent et où seront faites ses obsèques » ; il lègue 1 gros à la lumière « de Sainte-Marie de Colonzelle », et autant à celle « de Saint-Pierre » [2].

---

1. Minutes cit., reg. coté *vivere*, au 23 novembre 1533.
2. Ibid., regg. *tange*, f. xx, et *panis*, f. 24.

Grâce aux générosités particulières et aux frais d'entretien assumés par les décimateurs et par la commune, Saint-Pierre a été généralement bien entretenu [1].

Ajoutons à cela qu'il a donné son nom et servi d'asile à une confrérie dont nous parlerons plus loin, et on comprendra le respect dont il a été l'objet jusqu'à ce jour, bien que l'établissement d'un cimetière plus rapproché du bourg y ait depuis déjà de longues années fait cesser tout office funèbre. Il est vrai qu'on y dit encore la messe de temps en temps, et notamment chaque année un jour des Rogations.

Le monument, dans lequel l'eau entrait en 1746, et que l'évêque fit visiter par son grand vicaire en 1762, est aujourd'hui couvert en tuiles creuses, et sans clocher ni clocheton, mais en bon état. On y a fait quelques réparations en 1880, et M. Gervais, curé du lieu, l'a fait blanchir à l'intérieur depuis quelques mois. Un petit autel et un tableau de Saint-Pierre-aux-Liens, au fond du chœur, en sont le mobilier.

L'église du bourg, attenante au château, s'élevait sur un point culminant. Elle était dédiée à Notre-Dame, comme on le voit par des testaments du XV<sup>e</sup> siècle qui contiennent des legs pour son luminaire et ses autres besoins [2]. Elle était munie de plusieurs cloches en 1550, comme on le voit par la charge que les consuls donnèrent alors à Dauboc de les sonner « quand tro-
« nara, et a toutes les prossessions générales comme de cos-
« tume », moyennant 9 florins [3].

Mais, hélas ! église, cloches et habitants sont à la veille des dangers et des épreuves. « Lors des guerres civiles » Colonzelle
« fust prins par capitaine Fargier avec une compagnie de gens
« de pied, où il séjourna l'espace de cinq mois aux despens des
« habitants, et, pour le faire desloger, luy fust payé 110 escus.
« Quelque temps après, en octobre 1588, led. lieu fust saisi par
« Broutti ».

---

1. Le 3 novembre 1685, l'assemblée générale des habitants autorise les consuls à vendre le buis de Saint-Pierre « pour accommoder la chapelle » (Arch. commun., BB, 6).
2. Minutes cit.
3. LACROIX, op. cit., t. II, p. 401 ; — *Bullet.* cit., t. XV, p. 304.

Ce Broutti, ou mieux Brotin, était un subordonné du capitaine Saint-Ferréol, qui, « avec certains autres ses complices », s'empara « du lieu et chasteau de Collonzelles, sans consi-
« dération qu'il y avoit ung gouverneur estably de l'autorité
« de Mgr le comte » de Grignan, « soubs l'obeyssance du roy».
De Colonzelles, Brotin *travailhait*, c'est-à-dire levait des contributions dans le voisinage, mais surtout à Chamaret. Ainsi un jour « il Brottin commanda » aux consuls de Chamaret
« bailher 40 escus pour donner à quatre soldats à luy recom-
« mandés par led. de Saint-Fériol, et, les ayant deslivrés, leur
« commanda despuis d'en bailher 60 pour luy, ce » que les consuls « ne pouvant faire si promptement, qui (ce) fut cause
« que led. Brottin, trouvant dans la terre de Grignan deux che-
« vaulx de labourage, les print et emmena audit Colonzelles
« avec deux charges consêgail (méteil), cinq charges avoyne et
« deux saumées et demye orge, le tout appartenant au chaste-
« lain dudit lieu, homme de bien et des bons catholiques et
« toute sa famille. »

Bref, « par le moyen du S\ Brottin », tout le « bestail tant
« gros que menu » des gens de Chamaret fut « prins, amené et
« perdu », de sorte que leurs consuls furent contraints d'adresser à ce sujet une requête à Antoine de Clermont-Montoison, « chevalier de l'ordre du roy, lieutenant de Henry de Lorraine
« en sa compagnie de cent hommes d'armes des ordonnances
« de S. M., et lieutenant-général de Mgr de Mayenne, en l'ar-
« mée de Dauphiné, Valentinoys et Dyois et Baronnies. » Ils terminèrent en disant : « Parquoy Monseigneur, attendu que
« la qualité dudit Brottin vous est assés manifeste, vous plair-
« ra faire entendre le pouvoir qu'avés sur lui, encores qu'il ne
« le deust ignorer, et uzer à son androict de telle rigueur qu'il
« congnoisse de qui il depend, et qu'il ferme sa bouche à ce
« qu'il ne dye plus qu'il ne recongnoist ni Mgr de Mayenne ny
« vous, et qu'il en a d'autres à qui il obeyra, et ce fesant, le roy
« sera servy et redoubté de ses subjets, ledit seigneur de Ma-
« yenne et vous obeys et honorés ... »

Si cette requête ne fut pas faite avant le 23 décembre 1588, jour où fut assassiné à Blois le fameux Henri de Lorraine, duc de Guise, elle le fut du moins avant l'arrivée en Dauphiné de la nouvelle de cet assassinat, qui amena promptement le retour de Charles de Lorraine, duc de Mayenne, du Dauphiné à Paris, et sa nomination comme chef des ligueurs et lieutenant-général du royaume.

Quant à Brotin, qui n'épargnait pas plus les habitants de Colonzelle que leurs voisins, il demeura dans ce bourg « l'es-« pace de 3 mois, jusques au mois de febvrier 1589, qu'il fust « assiegé par M. de Lesdiguières, ayant lesd. habitants souf-« fert le pillage et ravage des soldats dud. Broutti, la despence « dud. siége et le bruslement de leurs granges. » Du reste, nous avons sur les faits de Lesdiguières à Colonzelle des détails qui montrent qu'en débarrassant le bourg du ligueur Brotin, ils furent un remède pire que le mal. Pendant que Gouvernet et Blacons levaient péniblement dans le Comtat les contributions ordonnées par Lesdiguières, ce dernier, instruit des difficultés opposées à ses exacteurs par Grimaldi, vice-légat d'Avignon, « assemble ses gens à Saint-Paul-Trois-Châteaux, et « s'estant équipé de trois canons, se rend maître, chemin fai-« sant, de Chantemerle, de Valaurie et de Colonzelles. Le gou-« verneur de cette place, pendu à un amandier, paya la témé-« rité d'avoir attendu l'artillerie et servit d'exemple à celui de « Bouchet, pour le faire capituler d'abord. Les habitants de « Richerenches et de Rochegude ne voulurent pas résister. » D'après le *Journal* de Lesdiguières rédigé par Calignon, M. Rochas nous apprend que l'illustre chef, qui était à Nyons le 26 janvier 1589 pour prendre de l'artillerie, était le surlendemain à Colonzelle, dont il faisait le siège ; et que le 29 eut lieu la soumission de cette place « par composition, vie sauve « aux gens de commandement : toutefois ils furent tous « tués ». Il ajoute que le même jour Lesdiguières s'empara de Richerenches, que Bouchet se soumit le 1er février, et Rochegude le 2. Puis, une délibération consulaire de Nyons, du 10 avril 1590, relate le paiement du port d'une charge de pommes et de perdrix à Lesdiguières et Gouvernet, « au camp de Cou-« ronzelles (Colonzelle) et Richerenches ». Enfin, un procès-verbal de visite épiscopale du 5 juin 1601 constate que l'église de Notre-Dame, « en laquelle on a fait corps de garde durant les troubles », est encore enfumée [1].

La conversion de Henri IV et son arrivée définitive au trône de France rétablissent l'ordre et la sécurité dans la nation. Mais, assassiné en 1610, il laisse la couronne à un enfant de neuf ans, et la reine-mère, Marie de Médicis, déclarée régente et entourée d'intrigants, voit de nouveau la France se diviser. Les protestants, ennuyés du repos, offrent à Lesdiguières en 1621 le commandement d'une armée de 20,000 hommes, avec 100,000 écus d'appointements par mois ; mais il se fait catholique et le roi le nomme connétable en 1622. Un fils du célèbre Montbrun est nommé lieutenant-général des protestants en Provence, et profite de l'absence de Lesdiguières pour organiser un soulèvement en Dauphiné. Après avoir fait saisir toutes les rentes et censes du clergé, il prend Mollans, attaque le Buis en octobre 1621 et, repoussé, va s'emparer de Reilhanette, Puygiron, Châteauneuf-de-Mazenc, Poët-Laval, etc. Instruit de ces mouvements, Lesdiguières lui écrit, le 16 novembre suivant, une lettre amicale pour l'engager à déposer les armes. Loin d'en tenir compte, Montbrun va attaquer Grenoble. Lesdiguières arrive et apaise les troubles. Mais la guerre avec les Génois l'appelle en Italie ; il quitte Paris en juillet 1624 et passe les Alpes en janvier suivant. Aussitôt les protestants reprennent les armes. Brison, leur chef en Vivarais, fait de fréquentes incursions en Dauphiné, où Montauban le favorise et tient Mévouillon.

Or le comté de Grignan, dont Colonzelle faisait partie, se trouvait particulièrement exposé à ces incursions, par suite du départ du comte Louis-Gaucher de Castellane-Adhémar. Celui-ci en effet avait été chargé, par lettres de Louis XIII du 7 septembre 1624, de choisir, lever et commander 50 chevau-légers, sous l'autorité du comte d'Alletz, colonel général de la cavalerie légère ; et les archives de Grignan nous apprennent qu'à la date du 17 avril il avait été « fait nouveau homme de

---

1. Videl, *Hist. du connét. de Lesdiguières,* éd. in-8°, p. 174 ; — Rochas, *Biogr. du Dauphiné,* t. II, p. 69 ; — Lacroix, op. cit., t. I, p. 370-3, et t. II, p. 402 ; *Invent. somm. des arch. de la Drôme,* E, 3344, 4675 et 5714.

« guerre et capitaine de 50 hommes d'armes, envoyé en Pié-
« mont et Gênes au service de S. M. ». Il était sans doute encore en campagne le 8 août 1625, jour où de nouvelles lettres du roi le chargeaient de lever 50 autres soldats aguerris et vaillants pour élever à 100 le nombre des hommes de sa compagnie.

Cette absence attira réellement du mal à la localité; car la commune de Chantemerle, qui le 9 septembre 1624 ne songeait qu'à l'agréable office d'envoyer un présent à Madame de Grignan, à cause de la visite du baron de Sassenage, du comte de Suze et de plusieurs autres qui venaient de voir le connétable à Grenoble, était bientôt après dans l'émoi. Ses délibérations de 1625 constatent le départ de M. le comte de Grignan pour le Piémont, l'organisation de portes au château et à la « ville » de Chantemerle, et plusieurs restaurations à ses « barris, pour mettre cette ville à l'abri des invasions des compagnies dont avaient souffert Chamaret, Montségur et Colonzelle. »

Depuis lors cette dernière commune ne paraît pas avoir souffert des guerres, et nous n'y trouvons plus à ce sujet qu'un rôle rédigé en 1633 et constatant « la despence et foulles souf-
« fertes par les consuls », notamment « la despence » du siége de Lesdiguières en 1589 « et le bruslement de leurs granges ». De leur côté, les archives de Grignan comprenaient en 1739 « une liasse en deux pièces contenant une déclaration des con-
« suls de Colonzelle a raison du blocus dud. lieu, et un rolle de « la despense qu'ils souffrirent a cette occasion, en 1633 [1] ».

Mais la reconstruction du chœur ou presbytère de l'église souleva des difficultés en 1654. « Les consuls soutenaient que « les décimateurs devaient réparer à leurs frais les églises « tombant de vétusté, et que les paroissiens intervenaient « seulement en cas d'insuffisance notoire. Pendant les débats, « une partie du rocher sur lequel était bâti l'édifice paroissial « s'écroula soudain, et l'imminence d'une ruine totale ranima « la discussion. Cependant un accord ménagé entre les parties

---

1. Arch. de la mairie de Chantemerle; — Id. de Grignan, *Invent.* de 1739, art. 4, n° 36; — Arch. de M. Morin-Pons; — Rochas, op. cit., t. II, pp. 37 et 60-1; — Lacroix, *Invent. des arch. de la Drôme*, E, 3344.

« régla, le 15 novembre 1688, que, conformément à l'ordon-
« nance épiscopale du 28 octobre 1686, le chapitre fournirait
« un tiers de la dépense des reconstruction, réparation et en-
« tretien du chœur, de la nef, des toits, de la sacristie, des
« portes, fenêtres et murailles de l'église paroissiale et de la
« chapelle St-Pierre, et la communauté les deux autres tiers ;
« que la même proportion serait observée à l'égard des frais
« de visite épiscopale, sauf les droits honorifiques, *bravades*,
« étrennes, députations, etc., à la charge exclusive de la com-
« mune, ainsi que l'entretien de la chaire, du confessionnal,
« du clocher, etc. ; que le chapitre entretiendrait les orne-
« mens sacrés, le maître-autel, etc. ; et que la lampe du sanc-
« tuaire brûlerait à frais communs.

Comme sanction de l'accord précédent, le chapitre donna 500 livres pour sa part des réparations faites, et s'engagea, le 2 décembre 1688, à payer dorénavant le tiers des réparations de la maison curiale, pour l'achat de laquelle la commune donna 80 livres.

Toutefois, un édit de 1695 n'ayant laissé à la charge des décimateurs que l'entretien exclusif du chœur des églises paroissiales, le chapitre chercha à s'affranchir des clauses stipulées dans les transactions de 1688. Mais la commune, d'après les avis de l'avocat Siméon, le rappela à ses engagements [1].

De 1714 à 1725 le chapitre fournissait la moitié de l'huile pour la lampe du sanctuaire.

Quant à l'église, dont un des murs était sur une pente et n'appuyait pas sur le solide, elle était lézardée et menaçait ruine en 1746, et fut pendant la Révolution, ainsi que la localité elle-même, le théâtre de quelques désordres. Le 17 novembre 1792, le conseil du district de Montélimar annula une délibération municipale relative au partage des biens communaux, tout en louant la fermeté du maire Françon et sa soumission aux lois. Le 22 février 1800, des malfaiteurs coupèrent l'arbre de liberté, et le 1er juillet suivant ils fermèrent dans l'église les fidèles réunis pour prier et enlevèrent la caisse du percepteur, fait renouvelé le 9, à 8 heures du soir.

1. Lacroix, *L'Arrond.* cit., t. II, p. 396-7.

Au commencement de notre siècle, l'église menaçait de plus en plus ruine. On l'étaya ; mais la voûte tomba néanmoins peu de temps après. On en voit encore les vestiges et quelques pans de mur.

Le service divin, devenu impossible dans l'église Notre-Dame, fut fait à la cure pendant que l'on prenait des mesures pour l'érection d'un nouvel édifice religieux. Celui-ci fut élevé, non à la place de l'ancien, mais hors et tout près du bourg, au sud-est. Achevée en 1808, la nouvelle église ne fut érigée en succursale que le 16 mars 1820. Prolongée d'une travée vers le couchant et complétée par un clocher en 1856 ou 1857, elle mesure aujourd'hui 22 m. de long sur 7 m. 90 de large. Elle a pour titulaire saint Pierre, patron du lieu [1].

### IV. Curés de Colonzelle.

Le service paroissial fut fait d'abord à Colonzelle par les religieux qui possédaient le bénéfice. Mais, plus tard, la diminution des vocations chez les clunistes et d'autres causes secondaires firent déchoir le doyenné. Celui-ci se dépeupla. Déjà vers le XIII$^e$ siècle il n'y avait plus en résidence avec le doyen qu'un religieux simple. En 1313, à côté du doyen était le religieux Durand Martin[2]. Après quoi, ce doyen paraît bien encore résider quelque temps à Colonzelle, mais en disparaît à son tour, et cela définitivement dès la sécularisation du doyenné.

La disparition des religieux amena la création des vicaires perpétuels ou curés, qui, présentés par les doyens à l'approbation de l'évêque de Saint-Paul, les remplacèrent dans le service paroissial, moyennant une portion congrue prélevée sur les revenus du bénéfice.

Voici les noms des curés connus.

En 1380, Pierre Reynier. Il fut témoin de divers actes passés en sa paroisse [3].

---

1. Arch. de la Drôme, fonds de l'évêché de Die ; — Lacroix, op. cit., t. II, pp. 374, 398-9 et 402-3 ; — Notes dues à l'obligeance de M. Chamoux, curé de Margerie.
2. Marrier, op. cit., *Catalog. beneficior.;* — Arch. de Colonz., parch. cité.
3. Minut. cit., reg. coté *semper*, fol. 33 ; — Arch. de Colonz., parch. cité.

De 1490 à 1505, Bonet Larmande (*Larmanda, de Larmanda et de Armanda*). Il fut en 1490 légataire du curé de Chamaret, et acquit divers fonds. En 1504, l'évêque doyen lui donna à emphytéose perpétuelle un *chasal* situé près de l'église et ayant au levant le rempart vieux du lieu, au couchant le rempart, au midi l'église du lieu, au nord le rempart. Il s'agissait d'y construire une maison *pro commodo cure*. Pas question de prix.

En 1533, Jean Larmande.

En 1556, « Jehan du Bosc ». Il achète un *chesal* de « M⁰ Cle- « mens Larmande », de Colonzelle 1.

En 1579, « Jehan du Boys ». Il décéda en 1589.

De 1597 à 1611, Jacques Feschet.

De 1629 à 1637, Antoine Angelin.

De 1648 à 1659, et en 1661, M. Clavel.

En 1660, Buisson.

De 1663 à 1706, F. Laville.

De 1707 à 1752, P. Barthélemy, official.

De 1754 au 13 mai 1791, Sautel.

En 1805, Juvin se dit desservant 2.

De 1823 à 1878, M. Etienne Guinand. Né en 1794 et fait prêtre en 1818, il fut vicaire à Grignan de 1819 à 1821, et curé de Chamaret de 1821 à 1823. Pieux, instruit et zélé pour la maison de Dieu et le salut des âmes, il a dirigé vers le sacerdoce un grand nombre de jeunes gens. Mgr Lyonnet le nomma chanoine honoraire de Valence. Il a été contraint par son grand âge et ses infirmités de laisser sa paroisse, qui en gardera longtemps un souvenir d'édification et de vénération. Il s'est retiré à Larajasse (Rhône), et a été remplacé par M. Gervais.

La portion congrue du curé comprenait en 1534 5 saumées et 1 sétier de bon blé avec 6 saumées de vin, et en 1587 8 saumées de bon blé et 4 écus en argent 3. En 1601 elle était de 7 charges de blé, de 16 barreaux de vin et de 4 écus en argent; l'évêque la porta à 8 saumées de grains, moitié blé et moitié sei-

---

1. Minutes cit., passim.
2. Registre orig. communiq. par M. Guinand, curé.
3. Archiv. Morin-Pons et minutes cit., passim.

gle. Elle arriva en 1633 à 9 charges de méteil et de blé, à 18 barraux de vin et à 10 écus, et en 1645 à 15 sétiers de blé et 15 de seigle, à 18 barraux de vin et 10 écus en argent. En 1727, dit un état du temps, le curé recevait, outre son casuel, 300 livres de congrue. Mais, pour juger de la position des curés de Colonzelle, il faut se rappeler leurs charges, qui étaient en 1712 de 48 livres ainsi réparties : capitation, 7 livres ; décimes et impositions pour un florin 6 deniers, 3 livres 2 sols 6 den.; et pour la congrue, 37 liv. 17 sols 6 den.

Mais la population de Colonzelle comportait « un secours « plus ample que celui que pouvait donner le curé ». Elle se composait en 1727 de 45 maisons ou ménages dans l'enclos du village, de 15 ou 16 à Margerie, et de 12 granges isolées sur le territoire. Elle était en 1789 de 65 maisons et 325 personnes au village, de 15 maisons et 75 personnes à Margerie, et des granges isolées.

Aussi en 1585, le chapitre faisait 8 livres « pour envoyer ung « prebtre les festes doubles à Colonzelles », et, 40 ans après, les habitants réclamaient à ce chapitre un secondaire ou vicaire. Celui-ci ne fut pas accordé, mais en 1644 l'évêque « ordonna « qu'il y aurait une seconde messe et un confesseur, outre le « curé, aux jours des Rameaux, Pasques, Pentecôte ou Fête-« Dieu, et de l'Assomption, et en outre que ce confesseur iroit « coucher à Colonzelle les veilles des Rameaux, Pâques et Noël, « et que quatre personnes au moins iroient à Colonzelle le pre-« mier aoust pour y solemniser la fête du patron. » Le chapitre acquiesça à cet ordre, qui fut confirmé par d'autres évêques en 1649 et 1662. En 1678, Mgr Luc d'Aquin, en le confirmant, prescrivit de plus « qu'il y auroit musique le jour du patron. » En 1686, Mgr de Roquemartine imposa de plus au chapitre l'obligation d'y envoyer tous les 3es dimanches de chaque mois un prêtre approuvé pour confesser. En 1715, Mgr de Chaffaud ajouta que, depuis le premier octobre jusqu'à Pâques inclusivement, on y célébrerait une seconde messe tous les dimanches et fêtes chômées.

Il existe un petit volume in-folio écrit à la main en 1741, et contenant les « Messes et Vêpres pour les festes des patrons

« des églises des prieurés du chapitre de Grignan ». Ce volume contient notamment dans ses pages 15-20 l'office (noté en plain-chant) de Colonzelle, sous ce titre : *Colonzelles. — 1 Die Augusti. — In festo S<sup>ti</sup> Petri ad vincula*.

Malgré cela, les consuls de Colonzelle se plaignaient à l'évêque en 1746, de l'inexécution de tant d'ordonnances, et les délégués du chapitre promettaient que celui-ci serait dorénavant très-fidèle à remplir ses obligations. Toutefois en 1762, les consuls suppliaient l'évêque en visite d'établir chez eux un secondaire, et le prélat ordonnait que dorénavant il serait célébré en leur église paroissiale, tous les dimanches et fêtes chômées, une seconde messe, à 11 heures en hiver, à 10 en été, et que les 3<sup>es</sup> dimanches de chaque mois, les 3 fêtes de Noël, les 3 de Pâques et les 3 de Pentecôte, les jours de l'Assomption et de la Toussaint, il y aurait à Colonzelle un prêtre par lui approuvé pour aider le curé à confesser [1].

Depuis la Révolution, un seul prêtre a desservi Colonzelle jusqu'à l'érection du hameau de Margerie en chapelle vicariale, et la transformation de cette chapelle en succursale, en 1865, a réduit la paroisse de Colonzelle à quelques 425 habitants, auxquels le curé suffit.

### V. Confréries de Colonzelle.

*Confrérie de Saint-Pierre*. — Elle existait bien avant le 1<sup>er</sup> août 1579, jour dont datent des «Statuts et conventions faictes « et redressées de nouveau par les confrayres de la confrérie érigée à l'honneur de Dieu et de St Pierre..., estant bailhes « d'icelle preudhommes Laurent Coustaury et Pierre Larmande, du présent lieu » de Colonzelle.

Elle était alors en honneur et de bon esprit, car son catalogue s'ouvrait par le nom de « Jehan du Boys » curé du lieu, et ses statuts furent approuvés le 1<sup>er</sup> septembre 1586 par Mgr Gaume, évêque de Saint-Paul.

Le 1<sup>er</sup> août 1588, ses bayles se nommèrent des remplaçants ;

---

1. Arch. de la Drôme ; — Id. de l'égl. de Grignan ; — Id. de M. Morin-Pons ; — Lacroix, op. cit., t. II, pp. 376-7 et 395.

un de ceux-ci fut « Jacques Barbier, curé » secondaire « de Grignan ». Celui-ci et l'autre bayle, un an après, se donnaient eux-mêmes des remplaçants, suivant les statuts.

Le 5 juin 1601, les statuts furent de nouveau approuvés par A. du Cros, évêque de Saint-Paul, qui, « pour exciter le zelle et « bonne dévotion desdits confrères, » leur « octroye et accorde » 40 « jours d'indulgence pour ceux et celles qui se confesseront « et recevront le St-Sacrement le jour et feste dudit St-Pierre « et les festes de l'Assomption, Nostre-Dame, la Thossaint, « Nohel et Pentecoste. »

Cette confrérie avait alors un roi et une reine, qui le jour de Saint-Pierre-ès-liens (1er août) dînaient ensemble, avec les bayles, et pouvaient mener avec eux au dîner, le roi un mignon, la reine une mignonne. Ils avaient en outre un violon, qu'ils « mandaient quérir ». Le dîner avait lieu après vêpres et était payé par la confrérie.

On se réunissait pour les nominations et délibérations, tantôt dans la maison du chapitre, tantôt dans la chapelle Saint-Pierre. Une première réunion avait lieu 2 ou 3 jours avant le 1er août, pour régler les dispositifs de la fête, etc., et le jour même de la fête pour la nomination des roi, reine et bayles, changés tous les ans.

Le 1er août 1601, Jacques Feschet, curé du lieu, fut nommé roi pour l'année 1602 dans le *reinage* de la confrérie. Il devait donner à ce titre 5 livres de cire, et la reine nommée avec lui en donnait 4 livres et demie.

Le 1er août 1629, « le Roy a demeuré pour 2 liv. et demy de « cire à Mre Angelin, prêtre et curé du lieu.., et la Reyne pour « 7 quarterons au Sr Hector Pelapra, de Grignan. »

En 1633, il fut défendu « d'inquanter les charges, les confrères « pouvant choisir entre eux ceux qui voudront plus donner ; « de faire repas ni buvette aux dépens de ladite confrérie, ni de « plus se servir de la coutume abusivement introduite de faire « un roy, une royne, un mignon, une mignonne, à peine de cas-« sation et supression. »

Néanmoins, en 1691 « le Reynage de St-Pierre a esté délivré « à Estienne Jean Vieux à trois livres et demy sire pure. Plus,

« la Reyne a esté délivré à Françoise Barthélemy à deux livres
« trois quarts sire pure. Plus, le mignon a esté délivré à Guil-
« haume Suport à trois livres sire pure. Plus, la mignone à
« Catherine Barnavor à trois livres sire pure. » Chaque année
quelqu'un était nommé pour *incanter* ces dignités sur la place de
Colonzelle.

Cette confrérie, à laquelle se rattachaient des *revues* ou *bravades* périodiques, exécutées le 1er août sous la direction de l'abbé de la jeunesse, existait et fonctionnait encore en 1793. Elle
reparaît même avec son *reinage* en 1805, 1806 et 1807 ; mais
ce sont les dernières dates où elle figure dans le vieux registre
de ses statuts et comptes, où nous avons puisé la plupart des
renseignements ci-dessus 1.

*Confrérie du Saint-Sacrement.* — Elle existait antérieurement à
1633. La confrérie de Saint-Pierre lui fut alors réunie 2.

*Confréries du Saint-Rosaire* et *de l'Immaculée-Conception.* —
Elles ont été établies sous M. Guinand.

## VI. Institutions charitables de Colonzelle.

L'église, dépositaire de la charité et nourrice des pauvres, a
toujours attribué à ceux-ci une part des dons et aumônes
qu'on lui faisait à elle-même ; et, quand la dîme eut été établie,
une part en fut accordée aux pauvres.

La transaction du 23 août 1566 entre le doyen de Grignan et
les consuls de Colonzelle portait que le chapitre payerait aux
pauvres de Colonzelle « à la congnoissance du conseil » la 24e
partie de la dîme ; et les comptes du chapitre de 1585 montrent que celui-ci payait alors aux « pauvres de Colonzelles » 2
saumées de blé *consegail* par an.

Mais en 1601, une requête des habitants contient la demande
par ceux-ci de la 24e partie des pauvres, d'un prédicateur du
carême, etc., et elle est suivie d'une ordonnance épiscopale
prescrivant l'observation de l'accord intervenu sur ce point.

1. Reg. original, communiq. par M. Guinand, curé ; — Lacroix, op. cit.,
t. II, p. 398-401.
2. Lacroix, loco cit.

Vingt ans plus tard, les habitants réclament encore au chapitre la 24ᵉ partie de la dîme stipulée en 1566, le repas donné aux consuls et le pot de vin des vendanges, abandonnés par ceux-ci aux pauvres, etc.

Cet abandon ne fait-il pas l'éloge des consuls ? Il est vrai qu'ils avaient la charge de la santé publique, de la protection des pauvres et des enfants abandonnés.

On trouve encore en 1789 la question de la 24ᵉ partie de la dîme reprise de nouveau avec toute la passion des époques tourmentées, et l'administration municipale se faisant elle-même justice en retenant les grains de la redevance ecclésiastique jusqu'au paiement de la part des pauvres. Les avocats Bovis et de Payan, dans leurs mémoires, donnent raison complète au chapitre, la transaction de 1566 n'ayant pas de valeur à leurs yeux. Mais les défenseurs de la commune prenaient sans doute des conclusions contraires non moins explicites.

Une note de l'an XI semble attribuer aux pauvres du lieu un domaine, alors aux mains de la régie nationale : c'est là une erreur. Voici l'explication : par testament du 22 août 1677, Anne Armand, de Colonzelle, avait institué J.-C. son héritier, et commis divers ecclésiastiques pour établir un corps de missionnaires auquel elle assignait les revenus de 12,000 livres, et pour fonder, avec le reste de ses biens, un séminaire dans le diocèse de Saint-Paul. Le procureur des pauvres de Colonzelle prétendit à la succession de la défunte, comme représentant J.-C., et les sœurs de celle-ci demandèrent, de leur côté, l'annulation du testament. L'affaire, portée au parlement de Grenoble, fut plaidée avec solennité ; et la cour décida, le 16 juillet 1678, que le testament serait exécuté en sa forme et teneur, que les missions seraient fondées et le séminaire établi.

Effectivement, l'évêque de Saint-Paul chargea Louis Eymar, missionnaire de Pierrelate, de la direction de l'établissement formé pour l'éducation des clercs. Toutefois, le procès engagé par les héritiers de la testatrice avait singulièrement diminué le montant de la succession, et l'entreprise de l'œuvre échoua peu après. Cependant l'évêque, pour mettre à profit la fondation d'Anne Armand, institua une théologale ou prébende obligeant à prêcher et à enseigner la théologie.

Signalons le bureau de bienfaisance de la commune de Colonzelle, aux secours duquel participent les deux paroisses de Colonzelle et de Margerie, mais dont le revenu annuel s'élève à peine à une trentaine de francs [1].

### VII. Institutions scolaires de Colonzelle.

En 1633, l'assemblée communale délibère sur le traitement du maître d'école, porté à 6 écus d'or. En 1678, elle s'occupe du choix de Bremond pour maître d'école et du rôle de ceux qui devront le nourrir. Puis en 1685, elle alloue 17 écus au curé, qui se charge des écoles. En 1704, elle délibère sur les gages, fixés à 30 livres, de Joseph Brive, de Vaison, agréé par le comte de Grignan pour instruire la jeunesse, et sur l'engagement de le faire nourrir par les parents des écoliers, à proportion des enfants envoyés à son école. Depuis lors, jusqu'à la Révolution, Colonzelle est régulièrement pourvu d'un instituteur, dont la position s'améliore de plus en plus.

Les seigneurs de Grignan venaient parfois en aide à leurs vassaux de Colonzelle. Vers 1668, ils leur donnèrent 600 livres pour leur école communale [2].

L'enseignement primaire est donné dans ce lieu depuis de longues années déjà, aux garçons par un instituteur laïque, aux filles par une religieuse du Saint-Nom de Jésus de Loriol.

### VIII. Paroisse de Margerie.

La partie méridionale de Colonzelle se trouvait en 1484 longée par une route allant du village de ce lieu à Montségur, qu'elle atteignait en franchissant le Lez au moulin de Montségur. Au couchant de la route était un bois appelé *devès de Margeries*, et au levant des terres cultivées et quelques pâturages [3].

---

1. Arch. Morin-Pons ; — Lacroix, op. cit., t. II, pp. 394-8 et 401-3 ; — Notes de M. Chamoux.

2. Lacroix, op. cit., t. II, p. 400 ; — *Invent. des arch. de la Drôme*, E, 5674-5716.

3. Minutes de M⁰ Long, not⁰ à Grignan, reg. coté *alma*, f. clxxiiij ; — Arch. de Colonzelle, parch. orig. de 2 peaux.

En 1489 il y avait près de cette route le lieu dit *en Margeries*, mot qui, d'après M. de Coston, dérive du latin *marga*, marne; et une famille Saramand, de Montségur, y possédait une terre [1].

On trouve en 1553 un habitant de « la theulière de Marge-
« ries, paroisse de Colonzelles, » faisant son testament, et en 1556 « prudhomme Jehan Fransson, laboureur de la theulière
« de Margeryes [2]. »

Quelques habitations alors établies près de la route, surtout au levant, se multiplièrent peu à peu, et en 1727 le « hameau du nom de Margeriès » contenait 15 ou 16 ménages, et avait un four. En 1762, le vicaire général de Saint-Paul y trouvait 18 granges et 101 personnes, ce qui ne s'accorde guère avec un état de 1789, qui n'y place plus que 75 habitants dans 15 maisons. En retour, on trouvait à Margerie, en 1866, 33 maisons ou ménages comprenant 123 personnes.

L'éloignement d'une forte demi-lieue où Margerie était de Colonzelle, son agglomération, peut-être d'autres circonstances aujourd'hui inconnues, y firent élever, au levant et tout près de la route, un petit sanctuaire en l'honneur de Notre-Dame-des-Lumières, parfaitement orienté.

La date de son érection est inconnue. Peut-être suivit-elle de près l'érection du sanctuaire de Notre-Dame-des-Lumières près d'Apt (Vaucluse), sanctuaire élevé en 1661 et qui est un des lieux de pèlerinage les plus fréquentés de la Provence. Cependant la chapelle de Margerie n'est connue qu'à partir du commencement du XVIII" siècle, et le plus ancien renseignement que nous ayons sur elle est la date de 1707 que porte un tableau qu'on y voit encore, tableau peint sur toile et représentant la descente de la croix. Encore, pour que le renseignement fût probant, il faudrait que le tableau eût été fait pour cette chapelle, ce que rien ne garantit. Quant aux murs de l'édifice, ils portent dans la partie ancienne, qui avait 8 mètres de long sur 5 m. 32 de large, les marques d'une certaine vétusté, mais

---

1. Min. cit., reg. *bene*, f. ccviij ; — *Bull. de la Soc. archéol. de la Drôme*, t. VI, p. 68.
2. Min. cit., protoc. de Silhol.
3. Lacroix, *L'arrond. de Montél.*, t. II, p. 376.

aucun caractère précis. En 1742 on l'agrandit de quelques mètres, et bientôt après on compléta le tout par un porche.

En effet, devant la chapelle était autrefois un porche, composé d'une voûte massive, supportée par des piliers que reliaient des arcades à jour, complètement ouvertes au nord, au couchant et au midi. Son âge et son auteur sont indiqués par cette inscription gravée sur l'arc occidental de ce porche, aujourd'hui encore subsistant, mais transformé, comme nous le dirons plus loin :

1744

I. P.

On prétend que c'est une famille Bourdonnas, de Montségur, qui le fit construire en actions de grâces de quelque faveur obtenue. Ce qui est certain, c'est qu'il y a aujourd'hui dans l'église un tableau ex-voto représentant un homme et une femme, qu'on dit être les nommés Bourdonnas.

Cette chapelle était en effet un lieu de pèlerinage ; on y allait demander à Dieu, par l'intercession de Notre-Dame, diverses grâces, mais principalement la guérison des maladies des yeux. Le 15 août ou le dimanche dans l'octave de l'Assomption, il y avait un grand concours et de nombreuses communions. Mais peu à peu l'abus s'introduisit, et la fête devint pour beaucoup une foire et même une occasion de désordres. Aussi, en 1746, l'évêque défendait de dire la messe à Margerie le dimanche dans l'octave de l'Assomption, « à cause des excès com-
« mis jusqu'à présent à pareil jour. »

D'ailleurs, le service de ce dimanche était exceptionnel, et les habitants du lieu avaient de la difficulté pour accomplir leurs devoirs religieux. « La paroisse la plus rapprochée dud.
« hameau » était « celle de Richerenche, qui, » comme Colonzelle, était « éloignée d'une demy lieue. » Elle en était d'ailleurs « séparée par le ruisseau d'Olière et par celuy de Reausset, » qui étaient souvent enflés au point qu'on ne pouvait les traverser ; et alors, « si l'on ne passait pas dans des terres » dont les propriétaires pouvaient interdire l'accès, il y avait 3/4 de lieue à faire de Margerie à Richerenche. Du reste, le chemin

entre ces deux localités était « impraticable en hiver et dans « les temps d'humidité. » Et puis, ce n'était « point du curé de « Richerenche, mais de celuy de Colonzelle, que les habitants de Margerie » devaient « recevoir l'instruction et les secours spirituels. » Le chemin de Margerie à Colonzelle était « praticable en tout temps ; » mais, d'autre part, « ces habitants ne » pouvaient « envoyer leurs enfants au catéchisme, nonobstant « les exortations que leur en » faisait « le sieur curé. » Tels étaient du moins les principaux motifs d'une requête présentée à l'évêque par les consuls de Colonzelle, en 1762, pour en obtenir l'établissement d' « un secondaire à Colonzelle, » moyennant quoi « tant les grangers que les habitants de Margerie » pussent « entendre la messe les jours de dimanche et fêtes, » « et les enfants et autres personnes qui » avaient « besoin « d'instruction » n'en fussent pas privés comme par le passé.

Ces motifs étaient fondés, comme le constata le grand vicaire du prélat dans la visite dudit hameau, de sa chapelle, du tabernacle, etc. ; de sorte que satisfaction fut en partie donnée à la requête.

Cette chapelle continua à être purement un lieu de dévotion et de pélerinage. Il n'y eut pas de prêtre en résidence à Margerie avant la Révolution. Seulement un capucin de Valréas y alla plusieurs années faire le service le jour de la fête.

Mais la chapelle vit luire au commencement de notre siècle l'espoir fondé d'un service régulier. Elle était plus ou moins légalement qualifiée d'*annexe*, lorsque, le 26 septembre 1813, M. Jean Blanc, de Chamaret, lui léguait 4,000 francs, qui, recueillis en 1820, servirent à l'achat d'une rente de 206 francs. Puis, l'établissement d'un cimetière, la construction d'un petit presbytère en face de la chapelle et de l'autre côté de la route, l'achat des ornements nécessaires au culte, l'agrandissement de la chapelle, portée à 16 m. de long sur ses 5 m. 32 de large, par l'adjonction du porche, dont on n'eut guère qu'à boucher les ouvertures superflues, tout préparait les voies à une érection canonique et légale.

Déjà en 1822 M. Raspail avait commencé à desservir le hameau à titre de vicaire. Grâce à d'actives démarches, un décret du 26 février 1823 érigeait Margerie en chapelle vicariale, et le 27 mai de la même année Mgr l'Evêque et M. le Préfet créaient la fabrique chargée d'en administrer le temporel.

La vicairie fut occupée par M. Raspail jusqu'à 1825. Après lui vinrent : en 1826 M. Desandrés, en 1828 M. Gau et M. Brunel, en 1830 M. Charte, en 1831 M. Roux, en 1835 M. Bourgeaud, en 1841 M. Vachon et en 1849 M. Chamoux 1.

Des démarches faites pour l'érection du lieu en succursale furent couronnées de succès. Cette érection fut accordée le 30 décembre 1865 ; de sorte que Margerie forme aujourd'hui une petite paroisse de 160 âmes, dépendant comme Colonzelle, son aînée, du diocèse de Valence.

Son église, grâce aux zèle pieux du curé, M. Chamoux, est propre et bien tenue. Toujours dédiée à Notre-Dame-des-Lumières, dont la fête s'y célèbre le 15 août, elle ne manque pas plus de grâce que le magnifique paysage qui environne et encadre son petit village. Elle possède un tableau de prix, qui est signalé en ces termes dans un rapport de 1877 sur les œuvres d'art de la Drôme : « L'église de Margerie sur Colon-« zelle et, plus au nord, celle du Puy-Saint-Martin ont des « toiles de Mme Hébert et de M. Nouvel *(La vierge à la grappe* de Mignard et *la Vierge et l'enfant Jésus* de Simon Vouet 2 ».

La distance d'environ 4 kilomètres qui sépare Margerie du village de Colonzelle, chef-lieu de la commune, a motivé la création à Margerie d'une école de hameau. Etablie par un décret de 1880, celle-ci est tenue par une institutrice laïque depuis le 20 avril de ladite année.

On voit que ce charmant petit pays est dans la voie d'un progrès véritable.

---

1. Arch. de la Drôme ; — Id. de l'église de Margerie ; — Lacroix, op. cit., t. II, pp. 374 et 398-9 ; — Notes dues à l'obligeance de M. Chamoux, curé.

2. *Bullet.* cit., t. XI, p. 316.

Extrait du
*Bulletin d'histoire ecclésiastique et d'archéologie religieuse
des diocèses de Valence, Digne, Gap, Grenoble et Viviers*
4ᵉ ANNÉE, 6ᵉ ET 7ᵉ LIVRAISONS

*Imprimé à 100 exemplaires*

www.ingramcontent.com/pod-product-compliance
Lightning Source LLC
Chambersburg PA
CBHW060506050426
42451CB00009B/837